Изначально человек был создан Богом для того, чтобы общаться с Ним и быть счастливым.

«И сотворил Бог человека по образу Своему...»
Бытие 1:27

Но человек ослушался Бога, согрешил и отошел от Бога.

Результат: тревога, страх и смерть

«потому что все согрешили и лишены славы Божией»

к Римлянам 3:23

«Ибо возмездие за грех – смерть, а дар Божий – жизнь вечная во Христе Иисусе, Господе нашем.»

к Римлянам 6:23

Богу стало жалко человечество, и Он послал ИисусаХриста на землю как жертву для искупления грехов.

«Кто не любит, тот не познал Бога, потому что Бог есть любовь.»
1-е Иоанна 4:8
«Ибо и Сын Человеческий не для того пришел, чтобы Ему служили, но чтобы послужить и отдать душу Свою для искупления многих.»
от Марка 10:45

Для того, чтобы заплатить цену за все наши грехи,
Иисус умер на кресте и воскрес на третий день.
И Он хочет дать нам два подарка.

Дары: мир и вечная жизнь

«Мир оставляю вам, мир Мой даю вам; не так, как мир дает, Я даю вам. Да не
смущается сердце ваше и да не устрашается.»
от Иоанна 14:27

«... Я пришел для того, чтобы имели жизнь и имели с избытком.»
от Иоанна 10:10

Дорогой друг, желаешь ли ты получить истинную радость и вечную жизнь?
Сейчас Бог желает, чтобы ты принял Иисуса и получил истинную радость и жизнь вечную.

«Ибо так возлюбил Бог мир, что отдал Сына Своего Единородного, дабы всякий верующий в Него, не погиб, но имел жизнь вечную.»

от Иоанна 3:16

«А тем, которые приняли Его, верующим во имя Его, дал власть быть чадами Божиими»

от Иоанна 1:12

Сейчас Иисус стучит в дверь твоего сердца.

И перед тобой стоит выбор.

Какую жизнь выберешь ты? Жизнь в греховном мире в тревоге и страхе, которая закончится смертью и адом? Или же поверишь в Иисуса и обретешь истинный мир и вечную жизнь?

Хочешь ли ты принять Иисуса в свое сердце?

«Се, стою у двери и стучу: если кто услышит голос Мой и отворит дверь, войду к нему, и буду вечерять с ним, и он со Мною.»

Откровение 3:20

Дорогой друг, ты принял очень важное решение.

Давай помолимся так:

Господь Отец, я грешник.

Я раскаиваюсь в своих грехах и прошу Тебя,
прости меня.

Я верю в то, что Иисус умер на кресте за мои
грехи и воскрес.

В этот час прошу Тебя, войди в мое сердце и
будь моим Господом и Спасителем.

Я молился именем Иисуса.

Аминь.

Дорогой друг, сейчас ты принял Иисуса и стал чадом Божиим.

Теперь очень важно посещать ближайшую церковь, слушать слово и молиться. Я желаю, чтобы ты обрел счастливую жизнь вместе с Богом.